Wenn Fuchs und Hase sich Gute Nacht sagen

Kathrin Schärer

Wenn **Fuchs** und **Hase** sich **Gute Nacht** sagen

BELTZ
& Gelberg

An einem Ort, wo Fuchs und Hase sich Gute Nacht sagen, sitzt ein kleiner Hase auf einem Hügel und findet den Heimweg nicht mehr.

Da kommt auch schon der Fuchs angeschlichen ...

... und sperrt sein großes Maul auf.

»HALT! NICHT FRESSEN!«,
ruft der kleine Hase. »Weißt du nicht, dass das hier
ein Ort ist, wo Fuchs und Hase sich Gute Nacht sagen?«

»Gute Nacht!«,
sagt der Fuchs und sperrt sein großes Maul auf.

»HALT! NICHT FRESSEN!
Zum Gute-Nacht-Sagen gehört eine
Gute-Nacht-Geschichte.«

Der Fuchs denkt nach und beginnt
zu erzählen.

»An einem Ort, wo Fuchs und Hase sich Gute Nacht sagen, sitzt ein kleiner, frecher Hase auf einem Hügel und aus dem Wald kommt ein hungriger Fuchs angeschlichen. Der Fuchs sagt dem Hasen Gute Nacht und erzählt ihm eine Gute-Nacht-Geschichte von einem Ort, wo Fuchs und Hase sich Gute Nacht sagen. Dann frisst er ihn auf«, erzählt der Fuchs und sperrt sein großes Maul auf.

»HALT! NICHT FRESSEN!
Nach einer Gute-Nacht-Geschichte
muss man mich ins Bett bringen«,
sagt der kleine Hase, »zu mir
nach Hause.«

»Fein«, denkt sich der Fuchs und riecht
den Braten schon: »Das gibt einen dreifachen
Hasenschmaus: Hasenmama, Hasenpapa
und ein zartes Hasenkind!«

Schnell erschnüffelt er sich den Weg zum Hasenbau.

»Da ist ja niemand zu Hause! Mama und Papa sind bestimmt auf der Suche nach ihrem Hasenkind«, sagt der Fuchs. »Aber das verschwindet jetzt in meinem Bauch.«
Der Fuchs leckt sich die Schnauze und sperrt sein großes Maul auf.

»HALT! NICHT FRESSEN!
Jetzt musst du mir ein Gute-Nacht-Lied singen und
mir so lange die Pfote halten, bis ich einschlafe.
Das machen nämlich alle Füchse, wenn sie dem
Hasen Gute Nacht sagen.«

Der Fuchs seufzt und beginnt
zu singen und zu summen,

zu murmeln und zu brummen,
leiser, immer leiser – und schläft ein.

Die Tür geht auf.
Herein kommen Hasenmama und Hasenpapa.
Der kleine Hase springt geschwind auf Mamas Arm.
Als aber der Hasenpapa den Fuchs neben dem
kleinen Bett sitzen sieht, erschrickt er gewaltig.

»Halt! Nicht hauen!«, flüstert der kleine Hase.
»Weißt du nicht, dass das hier ein Ort ist, wo Fuchs
und Hase sich Gute Nacht sagen?«

Der Hasenpapa schaut verdutzt auf das Hasenkind
und lässt seine Keule sinken.

Zu dritt ziehen sie den schlafenden Fuchs
aus ihrer Höhle.

»Gute Nacht, Fuchs!«,
flüstern die drei im Chor ...

... und schließen ihre Tür fest zu.

Kathrin Schärer, geboren 1969 in Basel, studierte Zeichen- und Werklehrerin an der Hochschule für Gestaltung in Basel. Sie unterrichtet an einer Sprachheilschule und arbeitet als Illustratorin. Bislang erschienen von ihr bei MINIMAX die Bilderbücher *mutig, mutig, ich mit dir, du mit mir* und *Nur wir alle* (Text von Lorenz Pauli), *»Hast du Angst?« fragte die Maus* (Text von Rafik Schami) sowie *So war das! Nein, so! Nein, so!*

Dieses Buch ist erhältlich als:
ISBN 978-3-407-76108-8 Minimax

MIX
Papier aus verantwor-
tungsvollen Quellen
FSC® C089473

Erstmals als MINIMAX bei Beltz & Gelberg im Februar 2012
© 2012 Beltz & Gelberg
in der Verlagsgruppe Beltz · Weinheim Basel
Werderstraße 10, 69469 Weinheim
Alle Rechte für diese Ausgabe vorbehalten
Lizenzausgabe mit freundlicher Genehmigung des Atlantis Verlags, Zürich
© 2004 Atlantis Verlag in der Kampa Verlag AG, Zürich
Druck und Bindung: Beltz Grafische Betriebe, Bad Langensalza
Beltz Grafische Betriebe ist ein klimaneutrales Unternehmen
(ID 15985-2104-100).
Printed in Germany
7 8 9 10 11   26 25 24 23 22

Weitere Informationen zu unseren Autor:innen und Titeln
finden Sie unter: www.beltz.de